Johann Sebastian Bach
(1685–1750)

Inventionen
Sinfonien
Kleine Präludien und Fughetten

für Klavier · for piano · pour piano

Urtext

Herausgegeben von · Edited by · Edité par
Tamás Zászkaliczky

K 110
Könemann Music Budapest

INDEX

Zweistimmige Inventionen **Two-Part Inventions** **Inventions à deux parts**

BWV 772–786

Dreistimmige Sinfonien — Three-Part Symphonies — Symphonies à trois parts

BWV 787–801

Sechs kleine Präludien — Six Small Preludes — Six petits préludes

(Klavierbüchlein für W. F. Bach)

Sechs kleine Präludien — Six Small Preludes — Six petits préludes

Sechs kleine Präludien — Six Small Preludes — Six petits préludes

(Coll. J. P. Kellner)

Vier kleine Fugen / Four Small Fugues / Quatre petits fugues

Drei kleine Präludien und Fughetten / Three Small preludes and Fughettas / Trois petits préludes et fughettes

Vorstudien zu dem Wohltemperierten Klavier

Preliminary Studies to the Well-Tempered Clavier

Etudes preliminaires au Clavecin Bien Temperé

Inventionen

Sinfonien

Inventio 1

BWV 772

11
13
15
17
20

Inventio 1

BWV 772a

11
13
15
17
19
21

Inventio 2

BWV 773

13
15
17
19
21
23
25

Inventio 3

BWV 774

Inventio 4

BWV 775

26
31
36
41
47

Inventio 5

BWV 776

Inventio 6

BWV 777

Inventio 7

BWV 778

11
13
15
17
19
21

Inventio 8

BWV 779

16
19
22
25
28
31

Inventio 9

BWV 780

16
19
22
25
28
31

Inventio 10

BWV 781

16
19
22
25
29

Inventio 11

BWV 782

Inventio 12

BWV 783

Inventio 13

BWV 784

13
15
17
19
21
23

Inventio 14

BWV 785

11
13
15
17
19

Inventio 15

BWV 786

Sequuntur adhuc 15 Sinfoniae,
tribus vocibus obligatis

Sinfonia 1

BWV 787

11
13
15
17
19

Sinfonia 2

BWV 788

19
21
23
25
27
30

Sinfonia 3

BWV 789

14
16
18
20
22
24

Sinfonia 4

BWV 790

11
13
15
17
19
21

Sinfonia 5

BWV 791

20
23
27
31
35

Sinfonia 5

BWV 791

18
22
26
30
34

Sinfonia 6

BWV 792

21
25
29
33
38

Sinfonia 7

BWV 793

25
28
31
34
37
41
tr

Sinfonia 8

BWV 794

11
13
15
17
19
21

Sinfonia 9

BWV 795

16
19
22
25
28
32

Sinfonia 10

BWV 796

16
19
22
25
28
31

Sinfonia 11

BWV 797

37
44
51
58
65

Sinfonia 12

BWV 798

16
19
22
25
28

Sinfonia 13

BWV 799

31
37
42
48
54
59

Sinfonia 14

BWV 800

11
13
15
17
19
22

Sinfonia 15

BWV 801

Finis

Kleine Präludien und Fughetten

6 kleine Präludien

aus dem Klavierbüchlein für Wilhelm Friedemann Bach

Praeambulum

BWV 924

2. Praeludium

BWV 926

26
31
36
40
43

Praeambulum

BWV 927

3.

Praeambulum

BWV 930

4.

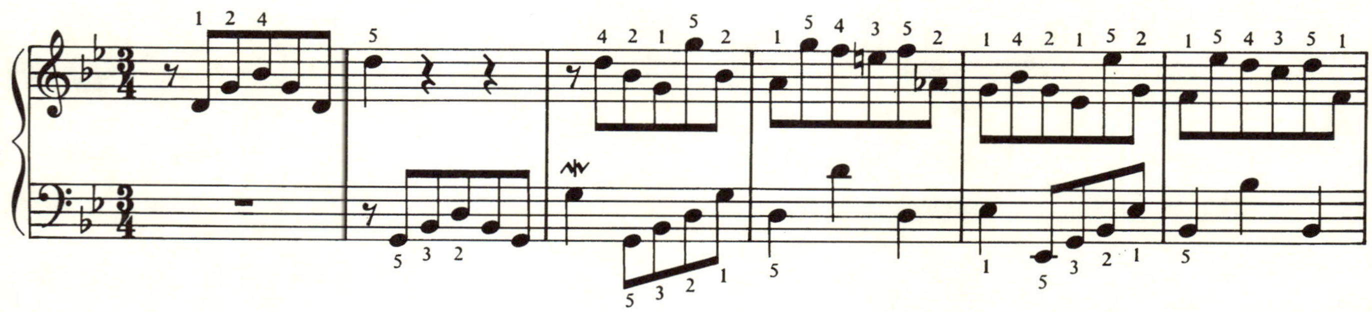

Praeludium

BWV 928

5.

13
15
17
19
21
23

6. Praeludium

BWV 925 (W.Fr. Bach?)

9
11
13
15
17

6 kleine Präludien

Praeludium

BWV 933

Praeludium

BWV 934

Praeludium

BWV 935

25
29
34
39
44

Praeludium

BWV 936

4.

26
31
35
39
44

Praeludium

BWV 937

5.

11
13
15
17
19

Praeludium

BWV 938

6.

21
25
30
35
40
45
1.
2.

6 kleine Präludien

aus der Sammlung Johann Peter Kellners

Praeludium

BWV 939

1.

Praeludium

BWV 940

2.

Praeludium

BWV 941

Praeludium

BWV 942

4.

Praeludium

BWV 943

29
35
41
47
53

Praeludium

BWV 999

22
25
28
31
34
37
40

4 kleine Fugen

Fuga à 3

BWV 952

16
19
22
25
28
31

Fuga à 3

BWV 953

2.

Fuga à 3

BWV 957

3.

13
15
17
19
21
23

Fughetta à 2

BWV 961

4.

16
18
21
23
25

3 kleine Präludien und Fughetten

Praeludium

BWV 895

1.

Fuga à 4

4
7
10
13
16
19

Praeludium

BWV 899

2.

Fughetta à 3

30
35
40
45
50

Praeludium

BWV 900

3.

9
11
13
15
17

Fuga à 3

29
34
38
43
48

52
57
61
65
70
75

79
83
87
92
96
100

Vorstudien zu dem Wohltemperierten Klavier

Praeludium

BWV 855a

Praeludium und Fughetta

Praeludium

BWV 870a

Fughetta à 3

Praeambulum und Fughetta

Praeambulum

BWV 872a

Fughetta à 3

4
8
11
14
17

Praeambulum

BWV 875a

20
24
28
32
36
40

Praeludium und Fughetta

BWV 901

Praeludium

9
11
12
14
15

Fughetta à 3

12
14
16
18
20
22

Praeludium und Fughetta

Praeludium I, BWV 902

BWV 902

17
19
21
23
25
3
27

29
31
33
35
37
39

41
44
47
50
53
3
55

Praeludium II, BWV 902a

17
20
23
26
29

Fughetta à 3

31
37
43
49
55

The Critical Notes which belong to this Urtext edition are available at www.koenemann.com

H-1093 Budapest, Vámház krt. 5.
Responsible co-editor: István Máriássy
Engraved by Kottamester Bt., Budapest

K 110

Distributed worldwide by Tandem Verlag GmbH
Im Mühlenbruch 1, D-53639 Königswinter

Printed in EU

ISBN 3-8331-1325-1